Geld anlegen

leicht gemacht

John Goldmann

Copyright © 2020 John Goldmann
Alle Rechte vorbehalten.

Vorwort

Was muss ich bei der Geldanlage beachten? Wo kann ich das Geld sicher anlegen? Wann soll ich kaufen?

Das Buch beantwortet Ihnen diese und viele andere Fragen. Es werden wichtige Regeln genannt und Erfahrungen aus der Vergangenheit analysiert. So erhalten Sie ein gutes Bild um sich selbst eine Meinung zu bilden.

Inhalt

Allgemeines 8
  Blick in die Vergangenheit 8
    Links 11
  Allgemeine Regeln 11
    Links 14
Geldanlage 15
  Tagesgeld 15
    Vorteile 15
    Nachteile 15
    Empfehlung 15
    Links 16
  Festgeld 16
    Vorteile 16
    Nachteile 17
    Empfehlung 17
    Links 17
  Aktien 17
    Vorteile 18
    Nachteile 18
    Empfehlung 19
    Aktien kaufen 21
    Aktien verkaufen 23
    Kurs-Gewinn-Verhältnis (KGV) 23

Dividendenrendite 24
Inflation 24
EZB-Zinssätze 24
Performance 25
Preis-Wachstums-Verhältnis 25
Zeitpunkt 26
Ausnahmen 27
Orderzusatz 27
Handelsplatz 28
Quellensteuer 28
Anleihen **30**
Vorteile 30
Nachteile 30
Empfehlung 30
Fonds **31**
Vorteile 31
Nachteile 32
Empfehlung 32
ETFs 33
sonstige Beteiligungen **34**
Immobilien **35**
Rohstoffe **35**
Kunst **37**
Kryptowährungen **37**
Links 39
Depotzusammensetzung **39**
weiterführende Links 41

Versicherungen 42
- **Allgemeine Regeln**..**42**
- **wichtige Versicherungen** **43**
  - Krankenversicherung 43
  - Privathaftpflichtversicherung 44
- **sinnvolle Versicherungen** **44**
  - Sachversicherung 44
  - Auslandskrankenversicherung........................45
  - Risikolebensversicherung 46
  - Berufsunfähigkeitsversicherung......................47
- **Versicherungsfallen** **48**
  - lange Laufzeiten 48
  - Sparen und Versicherung in einem Vertrag 48
  - hohe versteckte Kosten 50
  - mehrere Produkte in einem Vertrag 50
  - überflüssige Versicherungen 50
  - zu niedrige Deckungssummen........................50

Allgemeines

Blick in die Vergangenheit

Die Corona-Pandemie führt weltweit zu einer sehr hohen Staatsverschuldung. Da das Euro-Finanzsystem bereits vor der Pandemie angeschlagen war könnte die Pandemie mit den hohen zusätzlichen Schulden jetzt der Todesstoß sein.

Aber das weiß niemand. Schauen wir in die Vergangenheit um für die Zukunft zu lernen.

Das deutsche Finanzsystem war nach dem 1. Weltkrieg durch die hohen Kriegsausgaben und die beträchtlichen Reparationsforderungen angeschlagen. Die Besetzung des Ruhrgebietes 1923 durch französische und belgische Truppen war dann der Katalysator, welcher der deutschen Währung den Todesstoß versetzte. Die deutsche Regierung reagierte mit einem Aufruf zum Generalstreiks gegen die Besetzung des Ruhrgebietes. Deutschland zahlte im Generalstreik die Unterhaltskosten der Streikenden. Der Kampf um das Ruhrgebiet mündetet schließlich in Hyperinflation und damit in der Enteignung der deutschen Sparer. Der deutsch Staat tauschte im November 1923 1 Billion Mark in 1 Rentenmark um und war damit einen großen Teil der Schulden los. Als dann ab 1929 eine Talfahrt der Weltwirtschaft einsetzte sparte der Staat an den Ausgaben um einer erneute Inflation vorzubeugen, verständlich.

Die NSDAP war 1932 die einzige Partei, welche den vielem Millionen Arbeitslosen versprach Geld im größeren Steil auszugeben. Viele sahen in der Wahl der NSDAP dann den Weg um der existenziellen Not zu entkommen (1923 - Sparguthaben weg, 1929 - 1932 - Arbeit weg). Die NSDAP gewann im Januar 1933 die Wahl und der deutsche Staat gab viel Geld für Rüstung, Infrastruktur,... aus. Den meisten Menschen ging es wieder besser.

Die Ausgaben der NSDAP und der 2. Weltkrieg führten dann direkt zur nächsten Währungsreform 1948. Jetzt verlor die deutsche Bevölkerung nach etwa 25 Jahren erneut einen Großteil ihres Sparguthabens in Mark (Umtausch etwa 10:1 – abhängig von verschiedenen Rahmenbedingungen). Wie schon 1923 blieben die Werte in Aktien und Immobilien,... von der drastischen Entwertung verschont. Historisch betrachtet waren breit gestreute Aktien,... also so eine sicherere Geldanlage als Bargeld.

Die heutige Flutung der Menschheit mit Geld ist mit dem Wissen, dass sonst radikale Kräfte an die Macht kommen, verständlich. Aber der Wettlauf im Geldausgeben wird unweigerlich in einer Geldentwertung enden. Die Nullzins-, oder Negativzins-Politik der Notenbanken ist eine langsame Geldentwertung. Die Kaufkraft der Sparer sinkt damit jedes Jahr um ein paar Prozent. Die Schuldner werden auch ohne Tilgung langsam entschuldet. Und da die größten Schuldner die Staaten sind, welche die Notenbanken beherrschen, wird sich an diesem Mechanismus so schnell nichts ändern.

In den letzten 100 Jahren war es sehr sinnvoll sein Geld in Bargeld, Aktien, Immobilien, Gold,... möglichst breit zu streuen. Jede dieser Anlageklassen ist aber Risiken ausgesetzt, welche man kennen sollte.

So wurden Großgrundbesitzer durch die Bodenreform 1949 in der sowjetischen Besatzungszone entschädigungslos enteignet. Wohnimmobilien in der DDR wurden durch die niedrigen staatlich festgelegten Mietpreise im Laufe von 40 Jahren eine immer größere Last für den Eigentümer. Eine Sanierung war wirtschaftlich nicht sinnvoll. Die ostdeutschen Innenstädte verfielen. Beim Tod des Eigentümers verschenkten die Erben die Immobilie oft dem Staat.

Das Verbot von Goldbesitz, in Deutschland 1923, in den USA 1933,... mit Zwangsumtausch zu einem sehr ungünstigem Kurs zeigt, dass auch Gold in der Vergangenheit nicht immer sicher war.

Einzelne Aktien können durch die Insolvenz der Aktiengesellschaft wertlos werden. Eine gewisse Sicherheit bringt dort die Streuung über viele Aktiengesellschaften in vielen Ländern. Ob aber alle Aktienfonds die nächste große Krise überleben werden, das muss sich erst noch zeigen. ETFs sind hier sicher etwas stärker Insolvenz gefährdet.

Das Bargeld verlor in Deutschland durch Währungsreformen und Inflation in den letzten 100 Jahren bereits 2 mal seinen Wert dramatisch.

Beim Wertverfall waren aber selten alle Anlageklassen gleichzeitig gleich stark betroffen.

Eine absolute Sicherheit gibt es nicht. Wer 1945 in Schlesien gewohnt hat verlor zunächst seine Immobilien (Flucht aus dem heutigen Polen – keine Rückkehr möglich). Das Gold wurde vielleicht auf der Flucht aus Schlesien gestohlen (Diebstahlgefahr bei Schmuck oder Goldbarren). Europäische Aktiengesellschaften wurden im Krieg teilweise zerstört und haben teilweise Insolvenz angemeldet. Nur ein Depot mit breiter Streuung in internationale Aktien war nicht ganz wertlos. Das Bargeld wurde dann zum Schluss 1948 entwertet.

Links

Umfangreiche Infos zu vielen historischen Themen finden Sie unter:

https://de.wikipedia.org/

https://geschichte-wissen.de/

Allgemeine Regeln

Um gut über die nächste Krise zu kommen sollten Sie ihr Vermögen möglichst breit streuen. Dies betrifft die Anlageklassen (Aktien, Bargeld,...) und die Orte (Banken, Versicherungen,...) wo Sie ihr Vermögen aufbewahren. Verlieren Sie bei der Streuung nicht den Überblick. Das ist die natürliche Grenze, welche individuell sehr unterschiedlich ist.

Legen Sie zum Beispiel ein Teil in Bargeld (auf Girokonto, Tagesgeldkonto), ein Teil in Aktien (in Einzelaktien oder Fonds), ein Teil in Immobilien (in selbst genutzten Wohnimmobilien oder Immobilienfonds), ein Teil in Gold (in Goldbarren oder als Wertpapier) und einen Teil in Anleihen (in Einzelanleihe oder Fonds) an. Die Gewichtung der Anlageklassen ist stark von der jeweiligen Lebenssituation und der Höhe des Vermögens abhängig.

Verteilen Sie ihr Geld auf mehrere Banken. Sie schützen sich so im Krisenfall. Bei Insolenz ihrer Bank ist das Geld trotz Einlagensicherungsfond eine gewisse Zeit für Sie nicht erreichbar. Dumm, wenn dies Ihre einzige Kontoverbindung ist und Sie den Strom nicht bezahlen können und deshalb im dunkeln sitzen.

Legen Sie möglichst nicht mehr als 100 000 Euro pro Bank und Person an (Maximalbetrag Einlagensicherungsfonds) an. Verteilen Sie das Geld im Bedarfsfall auf mehrere Banken. Damit gelten Sie pro Bank als Kleinsparer und ihre Anlage wird hoffentlich nicht zur Rettung des Finanzsystems eingezogen.

Minimieren Sie Zusatzkosten wie Abschlussprovisionen oder Kontoführungsgebühren, denn diese mindern ihren Anlageerfolg oft erheblich.

Ein Vermögensberater, Bankberater oder Versicherungsvertreter muss Geld verdienen und wird Ihnen immer ein Produkt verkaufen müssen an dem er auch verdient.

Versichern Sie nur die Risiken, welche Sie in den Ruin reißen (keinen Sachwert unter 1000 Euro, Selbstbeteiligung möglichst hoch,...).

Trennen Sie Versichern und Sparen. Dadurch vermeiden Sie Gebühren und können im Notfall wesentlich flexibler reagieren.

Die Tilgung von Schulden ist oft die rentabelste Art des Sparens. Deshalb steht vor dem Sparen der Schuldenabbau. Dann können die meisten Menschen zumindest ruhig schlafen und das ist auf viel wert.

Wenn die Kreditzinsen niedriger sind als die erwartete Rendite der Geldanlage, dann rechnet sich ein Kredit um Geld anzulegen zumindest auf dem Papier. Dies führt dazu dass professionelle Geldanleger (Banken,...) Schulden aufnehmen und dieses Geld in spekulative Geldanlagen, welche mehr Rendite erwirtschaften sollen, anlegen. Dies bringt dann den Angestellten ordentliche Boni und der Bank ordentlichen Gewinn. Bis zur großen Krise, wenn die Geldanlagen mal weniger Rendite abwerfen. Dann geht die Bank zwar pleite oder wird vom Staat gerettet, doch der Angestellte hat vorher richtig Geld gemacht.

Der Privatanleger, welcher auf Kredit Aktien,.... gekauft hat, geht dann eventuell selbst pleite. Ihn wird kein Staat retten. Da muss jeder für sich das Risiko minimieren.

Wer viele Schulden hat ist unter Umständen dem Druck der Gläubiger ausgesetzt. Dies kommt dann auf Sie zu, wenn der Depotwert (Kreditsicherheit) kleiner als der Kreditwert wird. Dann erzwingt die Bank eventuell den Verkauf aller Wertpapiere. Im Extremfall erzwingen die Gläubiger die Insolvenz, mit allen Konsequenzen die dies hat.

Um zu sehen ob der Markt sich gerade in Krisenstimmung befindet eignet sich der Blick auf den Goldpreis. Ein sehr hoher Goldpreis zeigt, dass das Vertrauen in die Währungen der Notenbanken sehr schlecht ist und die Marktteilnehmer bereit sind viel Geld in Gold oder andere alternative Anlageklassen zu investieren. Die ist im Normalfall kein optimaler Einstiegszeitpunkt in Gold,... aber besser spät als nie.

Links

Die Gold-Preisentwicklung finden Sie unter:
https://www.finanzen.net/rohstoffe/goldpreis

Infos zur Inflation,... in der Euro-Zone
https://sdw.ecb.europa.eu/browse.do

Geldanlage

Im folgenden werden die verschiedenen Möglichkeiten der Geldanlage mit Vor- und Nachteilen erläutert. Damit erhalten Sie ein Überblick über die einzelnen Anlageklassen, welche Sie für sich selbst gewichten müssen.

Tagesgeld

Täglich verfügbares Geld mit geringer Verzinsung.

Vorteile

Sie kommen täglich an ihr Geld.

Nachteile

Die Zinsen sind niedrig.

Da gegenwärtig die Zinsen nahezu gegen 0 gehen ist ein Tagesgeldkonto zur Zeit wenig sinnvoll.

Empfehlung

Tagesgeld ist eine sinnvolle Geldanlage um kurzfristig Geld zur Verfügung zu haben. Legen Sie eine Monatsausgaben als Tagesgeld an. Die 2. Monatsausgabe liegt auf dem Girokonto.

So vermeiden Sie im Girokonto einen Dispositionskredit in Anspruch zu nehmen. Die Überziehung des Girokontos ist ein sehr lukratives Geschäft für die Bank. Sie haben so eine sofort verfügbare Bargeldreserve von 2 Monatsausgaben.

Links

Vergleich verschiedener Anbieter unter:
http://finanzen.check24.de/konto-kredit/tagesgeld/tagesgeld-vergleiche/

Was ist ein Dispositionskredit?
https://de.wikipedia.org/wiki/Dispositionskredit

Festgeld

Sie geben einer Bank einen Geldbetrag für eine bestimmte Zeit zu einem bestimmten Zinssatz.

Vorteile

Sie bekommen ihr Geld nach einer bestimmten Zeit zuzüglich der Zinsen wieder.

Wenn Sie dies bei einer großen Bank tun ist ihr Geld sicher (Einlagensicherungsfond).

Nachteile

Sie kommen vor Ablauf des Vertrages nicht an ihr Geld.

Da gegenwärtig die Zinsen nahezu gegen 0 gehen ist ein Festgeldkonto zur Zeit wenig sinnvoll.

Empfehlung

Liegt der Zinssatz höher wie die Inflation, so ist Festgeld eine sinnvolle Geldanlage. Leider ist dies im Moment nicht der Fall. Oft werben Banken Neukunden mit attraktiven Festgeldangeboten.

Sie müssen sich sicher sein, dass Sie das Geld innerhalb der Vertragslaufzeit unter keinen Umständen benötigen.

Links

Festgeld oder Termingeld
https://de.wikipedia.org/wiki/Termingeld

Aktien

Sie erwerben einen Anteil an einer Firma.

Aktien eignen sich als langfristige Vermögensanlage, z.B. zur finanziellen Absicherung im Alter.

Bei kurzfristigen Finanzbedarf (Kauf eines neuen Autos nach einem Unfall mit dem alten Auto,...) kommt man sehr einfach und schnell an das Geld.

Ein Bankberater oder Vermögensberater wird Einzelaktien selten als Kauf empfehlen. Es gibt keine Provision für ihn. Das ist für Sie gut, aber für den Berater nicht attraktiv.

Am Ende des Kapitels Aktien werden einige Kennziffern von Aktien u.a. (KGV, Dividendenrendite,...) näher erklärt.

Siehe auch **https://www.test.de/thema/aktie/**.

Vorteile

Sie kommen täglich an ihr Geld und sind dadurch im Notfall sehr flexibel.

Die Möglichkeiten von Kursgewinnen sind langfristig sehr hoch.

Die Sicherheit ist bei großen Firmen (aus dem DAX, mit guten KGV), bei langfristiger Anlage, ähnlich gut wie bei anderen Anlageformen.

Es besteht ein gewisser Inflationsschutz.

Nachteile

Der Kurs einer Aktie kann fallen.

Einen Totalverlust können Sie bei keiner Anlageform wirklich ausschließen - jede Firma kann pleite gehen, jeder Staat kann pleite gehen, jedes Finanzsystem kann zusammenbrechen, incl. aller Einlagensicherungsfonds.

Eine Bodenreform kann Ihnen das Land wegnehmen,...

Beim Kauf/Verkauf eines Wertpapiers fallen verschiedene Gebühren an. Die Gesamtsumme der Gebühren ist meist höher als 10 Euro (Abhängig vom Wert der Transaktion, vom Börsenplatz,...).

Empfehlung

Wählen Sie mehrere große einheimische Firmen (z.B. aus dem DAX, geringes Insolvenzrisiko, einfach zu kaufen/verkaufen, einfache steuerliche Regeln).

Handeln Sie Aktien mit Hilfe der einfach zu ermittelnder Kennziffern KGV und Dividendenrendite.

Der Kurs der Aktien schwankt langfristig, dies ist eine große Chance für Sie - nicht nur ein Risiko!

Legen Sie das Geld in Aktien an, was Sie kurzfristig nicht benötigen (kurzfristig sind Kursschwankungen möglich - im Notfall kommen Sie aber täglich an ihr Geld).

Kaufen Sie Aktien, wenn der Index (zum Beispiel DAX) Tiefststände erreicht.

Verkaufen Sie Aktien, wenn der Index (zum Beispiel DAX) Höchststände erreicht.

Um dies zu erreichen reicht es theoretisch, wenn Sie einmal im Jahr (zum Beispiel zwischen Weihnachten und Silvester) ein Blick in ihr Depot werfen.

Handeln Sie mit Bedacht. Kaufen/Verkaufen Sie in kleinen Schritten. Beobachten Sie den Trend.

Es gibt einen langjährigen Zyklus Krise - Wachstum - Krise - Wachstum. Nutzen Sie diesen Zyklus! Damit sind Sie besser als jeder Fondsmanager, denn dieser muss auch zu ungünstigen Zeiten kaufen und verkaufen, da sein Handeln von den Mittelzuflüssen abhängt.

Glauben Sie nicht an schnellen Reichtum. Setzen Sie niemals ihre gesamte Hoffnung auf eine einzelne Anlage (Aktie,...). Verteilen Sie ihre Einlage auf mehrere Investments. Die Risikostreuung ist sehr wichtig.

Sie haben keine Chance im Kurzzeithandel. Die Kurse, welche Sie sehen sind verzögert (normal sind 15 Minuten). Sie treten gegen Computerprogramme von großen Finanzinvestoren an, welche schneller und systematischer reagieren wie Sie.

Kaufen Sie keine Aktien nur weil diese irgendwo empfohlen wurden. Diese Empfehlungen führen nach der Empfehlung oft zu hohen Kursen (hoher Kaufdruck), welche dann kurze Zeit später wieder einbrechen (der Initiator der Empfehlung verkauft mit reichlich Gewinn - Marktmanipulation).

Sie "verpassen" den Zeitpunkt der Kursumkehr und stehen wenig später vor einem Verlust.

Kaufen und Verkaufen Sie nach System (zum Beispiel dem unten beschriebenen). Bleiben Sie einem erfolgreichem System treu.

Meiden Sie Branchen, deren Zukunftsaussichten nicht zukunftsfähig sind.

Aktien kaufen

Kaufen Sie DAX-Aktien, wenn der DAX Tiefststände erreicht. Der nächste Aufwärtstrend kommt mit Sicherheit.

Was sollten Sie kaufen?
Kaufen Sie Aktien mit einer hohen Dividendenrendite. Die Rendite sollte höher wie die Inflation sein.

Kaufen Sie billige Aktien. Billige Aktien sind Aktien mit einem KGV (Kurs-Gewinn-Verhältnis) kleiner 20 – Inflation (angenommen 2%) = 18. Also ein KGV von 10-18 wäre günstig.

Tipp:
Schauen Sie sich die 10 Aktien mit der höchsten Dividendenrendite aus dem DAX an.

Sortieren Sie die obersten 3 Werte aus. Bei Extremwerten ist meist etwas faul. Sortieren Sie aus den übriggebliebenen Werten die schlechtere Aktie aus der gleichen Branche aus.

Nutzen Sie hier das KGV (Wert mit niedrigerem KGV kaufen).Kaufen Sie jede Branche nur einmal. Dies bedeutet: nur eine Telekommunikations-Aktie, nur eine Logistik-Aktie, nur eine Auto-Aktie,...

Aktien einer Branche verhalten sich oft ähnlich. Durch eine Verteilung über verschiedene Brachen streuen Sie ihr Risiko.

Sortieren Sie Branchen aus, welche ein Zukunftsproblem haben. Banken sind eventuell gerade problematisch, da die globale Lage für diese Branche schlecht ist. Kaufen Sie eine Aktie nur, wenn Sie ein Zukunftspotential für diese Aktie sehen.

Verteilen Sie ihr Geld gleichmäßig auf etwa 5 - 10 Aktien und schlafen bis nächstes Jahr (nach der Jahresendrally Dezember, Januar).

Kaufen Sie keine Aktien, wenn der DAX Höchststände bereits erreicht hat. Die nächste Krise kommt mit Sicherheit.

Bemerkung zur oben genannte Strategie
Sie wird auch von erfolgreichen Fondsmanagern angewandt.

Sie ist nur eine Empfehlung - kein Dogma. Kaufen Sie mehr als 10 Aktien, wenn Sie genügend Geld haben.

Sie soll Einsteigern die ersten Schritte am Aktienmarkt erleichtern, da diese relativ einfach und risikoarm ist.

Aktien verkaufen

Verkaufen Sie Aktien, wenn der DAX Höchststände erreicht. Der nächste Abwärtstrend kommt mit Sicherheit.

Was sollten Sie verkaufen?
Verkaufen Sie teure Aktien. Teure Aktien sind Aktien mit einem KGV (Kurs-Gewinn-Verhältnis) größer 18 (20 - Inflation).

Beispiel:
Die Aktie A hat ein KGV von 30, so gilt diese nach der Definition als teuer.

Den Gewinn aus dem Verkauf von Aktien müssen Sie versteuern.

Tipp:
Verkaufen Sie keine Aktien, wenn der DAX Tiefstände bereits erreicht hat. Der nächste Aufwärtstrend kommt mit Sicherheit.

Fertigen Sie eine Liste ihrer Aktien mit KGV und Dividendenrendite an. Verkaufen Sie die Aktien mit dem höchsten KGV und einer Dividendenrendite kleiner Inflationsrate.

Kurs-Gewinn-Verhältnis (KGV)

Wie hoch ist der Kurs im Verhältnis zum Gewinn der AG?

Eine schöne Übersicht der KGVs der einzelnen Aktien finden Sie auf **https://www.onvista.de/**.

Beachten Sie, dass der zugrunde liegende Gewinn aus der Vergangenheit ist oder geschätzt ist. Gewinne können manipuliert werden.

Dividendenrendite

Wie viele Zinsen (hier Dividende genannt) bekomme ich auf meine Anlage?

Eine schöne Übersicht der Dividendenrendite der einzelnen Aktien finden Sie auf **https://www.onvista.de/**.

Beachten Sie, dass die Höhe der Dividende sehr stark von der Branche abhängt. Streuen Sie ihre Anlage über mehrere Branchen.

Inflation

Wie viel verliert ihr Geld jährlich an Kaufkraft?

Aktuelle Zahlen unter:
https://www.finanzen.net/konjunktur/inflation

https://sdw.ecb.europa.eu/browse.do

EZB-Zinssätze

Wie hoch sind die zu erwartenden Zinsen?

Aktuelle Zahlen unter:
https://www.bundesbank.de/de/statistiken

Performance

Wie hat sich der Kurs der Aktie in der Vergangenheit entwickelt?

Handeln Sie nicht gegen den allgemeinen Trend. Die Börsenregel "Greife nie in ein fallendes Messer" soll verdeutlichen, dass eine Aktie die aktuell deutlich fällt aktuell kein guter Kauf ist.

Warten Sie mit dem Kauf bis die Aktie steigt.
Es gibt einen langjährigen Zyklus Krise - Wachstum - Krise - Wachstum. Nutzen Sie diesen Zyklus!

Siehe die historische Entwicklung des DAX dazu auf
https://www.onvista.de/.

Preis-Wachstums-Verhältnis

PEG = Price-Earnigs-Growth-Ratio
Ein PEG unter 1 ist günstig.
Ein PEG über 1 ist teuer.

Beachten Sie, dass das Wachstum für die Zukunft nur geschätzt ist.

Zeitpunkt

Der Handel auf XETRA findet Montags bis Freitags von 9.00 bis 17.30 Uhr statt. Handeln Sie möglichst nur in dieser Zeit, da der XETRA-Kurs in vielen Systemen als Bezugspreis genutzt wird. Außerhalb dieser Zeiten verteuern sich teilweise die Gebühren (z.B. bei Tradegate,...).

Es gibt viele Statistiken, welche die Vergangenheit analysieren. Bulkowski hat unter **http://www.thepatternsite.com/** einige Fakten zusammengetragen. Anbei ein paar interessante Auszüge. Achtung, die nachfolgenden Aussagen bedeuten nicht, dass diese immer richtig ist. Sie bedeuten nur, dass es sehr häufig richtig war.

An welchem Wochentag sollte ich handeln?
Steigender Markt
kaufen Ende der Woche
verkaufen Mitte der Woche

Fallender Markt
kaufen Anfang der Woche
verkaufen Ende der Woche

In welchem Monat sollte ich handeln?

Kauf
Die Kurse steigen meist von Ende September bis Ende Dezember (Jahresend-Rally). Der Oktober ist also ein guter Monat zum Kauf.

Verkauf
Im Februar steigen die Kurse nur sehr wenig. Der Januar ist also ein guter Monat zum Verkauf.

Ausnahmen

Es gibt Branchen (Softwarebranche,...), in dem diese Spielregeln nicht gelten. Hier befinden sich die oben genannten Indizes wie KGV,... jenseits aller sinnvollen Werte. Diese Firmen machen Verluste, sind aber trotzdem hoch bewertet. Sämtliche Gewinne werden in die Firma reinvestiert. Investieren Sie hier sehr vorsichtig und nehmen immer mal die Gewinne mit. Dann sind Sie bei einer Kurskorrektur nicht so stark betroffen.

Orderzusatz

Setzen Sie möglichst ein Limit beim Kauf oder Verkauf einer Order.

Als langfristiger Anleger von Aktien können Sie auf die allgemein empfohlene Stop Loss Order,... verzichten. Beim Setzen einer Stop Loss Order sind Sie durch Kursmanipulation angreifbar, da ihre Aktien beim Kursabsturz automatisch, ohne Limit, billigst verkauft würden.

Ordertypen siehe:
https://www.tradegate.de/docs/120503_Tradegate_ Ordertypenhandbuch_Web.pdf

Handelsplatz

Wählen Sie als Handelsplatz XETRA (sehr hohes Volumen, dadurch sehr fairer Preis), Tradegate (preiswertes außerbörsliches Handelssystem) oder Außerbörslich (die interne Handelsplattform ihrer Bank, dadurch sehr niedrige Gebühren).

Quellensteuer

Wenn oben der Kauf von einheimischen Wertpapieren empfohlen wurde, so hat dies auch steuerliche Hintergründe.

Gewinne, welche Sie im Ausland erwirtschaften müssen Sie dort versteuern. Kaufen Sie beispielsweise die schweizerische Nestle-Aktie, so wird Ihnen von der ausgeschütteten Dividende in der Schweiz 35% Quellensteuer abgezogen.

Die deutsche Depotbank darf maximal 15% Quellensteuer mit der Abgeltungssteuer verrechnen. Damit zahlen Sie 20% ihrer Einnahmen an den Schweizer Fiskus.

Es ist möglich die gezahlte Quellensteuer komplett oder teilweise zurückzuerhalten. Dazu müssen Sie aber zusätzliche Formulare ausfüllen und Gebühren zahlen,...

Der Antrag auf Erstattung der Quellensteuer ist bei der entsprechenden Finanzverwaltung des Landes zu stellen in der die Quellensteuer einbehalten wurde.

Die Bearbeitung ihres Antrages kann Monate aber auch Jahre dauern. Gehen Sie davon aus, dass die Formulare zur Erstattung der Steuern nicht in deutscher Sprache existieren (außer Österreich, Schweiz).

Die Höhe der Quellensteuer und die Verrechnung mit dem deutschen Steuersatz ändert sich häufig.

Informieren Sie sich vor dem Kauf eines Wertpapiers über die anfallende Quellensteuer.

Die Quellensteuer einiger Länder:
Frankreich 30%
USA 30%
Schweiz 35%

Die aktuelle Quellensteuer finden Sie unter:
https://www.finanztip.de/indexfonds-etf/quellensteuer/

Alternative:
Kaufen Sie einen ETF (siehe Kapitel Fonds/ETF), welcher in Deutschland aufgelegt ist (ISIN beginnt mit DE) und das von Ihnen gewünschte Anlageziel abdeckt.

Anleihen

Sie gewähren jemandem (einem Staat, einer Firma,...) einen Kredit. Kaufen Sie nur Anleihen von großen Staaten oder Firmen von denen Sie eine Insolvenz nahezu ausschließen können. Kaufen Sie nur Anleihen, welche Sie täglich über die Börse kaufen und verkaufen können.

Siehe auch **https://www.test.de/thema/anleihen/**.

Vorteile

Sie kommen täglich an ihr Geld. Es gibt auch Anleihen wo das nicht so ist - kaufen Sie diese nicht.

Nachteile

Die Zinsen sind niedrig.

Empfehlung

Liegt der Zinssatz höher wie die Inflation, so ist eine Anleihe eine sinnvolle Geldanlage.
Sie sollten die Insolvenz des Emittenten (Herausgebers) nahezu ausschließen können (bei Bundesschatzbriefen,... gegeben).

Anleihe sind eine sinnvolle Alternative bei fallendem Aktienmark.

Anleihen sind als Depotbeimischung zur Risikostreuung sinnvoll.

Fonds

Festgeld, Anleihen, Immobilien und Aktien werden von Firmen zu Paketen geschnürt und als Fonds verkauft. Kaufen Sie nur Fonds, welche Sie täglich über die Börse kaufen und verkaufen können.

Bankberater oder Vermögensberater werden Ihnen Fonds zum Kauf empfehlen. Es gibt eine Provision für den Kauf. Das ist für den Berater gut, aber schlecht für Sie.

Neben der Gebühr für den Kauf des Fonds (Ausgabeaufschlag,...) verlangt der Fonds eine Gebühr pro Jahr. Dies schmälert ihre Rendite.

Siehe auch:
https://www.test.de/thema/investmentfonds/.

Vorteile

Sie kommen täglich an ihr Geld (es gibt auch Fonds wo das nicht so ist - kaufen Sie diese nicht)

Sie streuen ihr Risiko besser wie bei einer Einzelanlage.

Sie können so Anteile in einem Markt erwerben, welcher Ihnen sonst verschlossen wäre (Aktien aus einem fernen Land, Immobilien,...).

Nachteile

Die Verwaltungskosten sind hoch. Die Ausschüttungen sind sehr gering im Vergleich zur Dividende bei Einzelaktien.

Sie können den wirklichen Wert des Fonds schlecht bestimmen. So kaufen Sie eigentlich die Katze im Sack. Kennzahlen wie KGV und Dividendenrendite fehlen.

Empfehlung

Kaufen Sie einen Fond nur, wenn Ihnen nichts besseres einfällt. Als Einstieg in den Aktienhandel ist ein Fonds mit Ausrichtung Aktien weltweit sinnvoll.

Eine Übersicht über gute Fonds finden Sie bei Stiftung Warentest unter:
https://www.test.de/thema/investmentfonds/

Alternativ besorgen Sie sich die aktuelle Zeitschrift „Finanztest" und wählen einen Fonds, welcher auf den letzten Seiten mit 1. Wahl bewertet wurde.

Achten Sie beim Fond auf die in der Vergangenheit erzielte Rendite. War ein Fonds in der Vergangenheit gut, dann bedeutet das aber auch, dass er aktuell teuer ist.

Dies ist nicht unbedingt ein idealer Einstiegspunkt. Für Außenstehende ist es leider unmöglich der wahren Wert eines Fonds zu ermitteln.

ETFs

Eine Ausnahme bilden ETFs (börsengehandelte Indexfonds). Der Fonds ist nicht aktiv gemanagt, sondern bildet den Index ab. Sie wissen ob der Index auf einem historischen Höchststand oder einem historischen Tief steht. So können Sie einen günstigen Zeitpunkt zum Kauf oder Verkauf sehr einfach ermitteln. Die Kosten für ETFs sind moderat.

Folgende Unternehmen bieten beispielsweise ETFs an:

db x-Trackers
https://etf.dws.com/

iShares
https://www.ishares.com/de

Lyxor
https://www.lyxoretf.de/

sonstige Beteiligungen

Bei Schiffsfonds, Holzfonds,... mit traumhaften Renditen sind meist die versteckten Kosten so hoch, dass ihre Geldanlage kein Gewinn für Sie bringt. Leider sind die Verwaltungs- und Vermittlungskosten für Sie oft nicht sichtbar. Lassen Sie die Hände vom Grauen Kapitalmarkt.

Informieren Sie sich im Internet über das angebotene Investment. Finden Sie keine unabhängige Meinung lassen Sie die Hände weg.

Wenn nur 50% ihrer Geldanlage zum Kauf des Objektes dient und die anderen 50% Verwaltungs- und Vermittlungskosten sind, so muss sich ihre Anlage erst verdoppeln damit Sie das Geld wert ist was Sie ursprünglich eingezahlt haben.

Ihr Vermögensberater wird Ihnen etwas anderes erzählen. Er lebt von der Provision!

Verzichten Sie auf die Beteiligung bei Schneeballsystemen. Wenn Sie das Schneeballsystem selbst initiieren, so machen Sie ordentlich Geld, gehen aber dann später hinter Gitter. In jedem anderen Fall verlieren Sie ihr Geld, da nicht mehr genug Leute nach Ihnen am Schneeballsystem mitmachen.

Immobilien

Der Kauf von Immobilien ist sinnvoll, wenn Sie diese selbst nutzen wollen.

Als Kapitalanlage für den Einsteiger ist die Immobile nicht geeignet. Beachten Sie, dass eine Immobilie ständig Nebenkosten (Grundsteuer,...) verursacht. Es ist sehr schwer den wirklichen Wert der Immobilie zu berechnen. Als Faustregel gilt, der Kaufpreis sollte nicht höher wie die Jahres-Miete mal 20 sein (Jahres-Netto-Kaltmiete).

Ermitteln Sie Vergleichswerte z.B. über
https://www.immobilienscout24.de/.

Beachten Sie die Marktpreise der letzten Jahre? Wenn der Markt sehr stark gestiegen ist, dann sind die allgemeinen Marktpreise meist zu teuer. Der nächste Preisrückgang kommt mit Sicherheit.

Beachten Sie die prognostizierte Bevölkerungsentwicklung in ihrem Zielgebiet. Sinkt die Einwohnerzahl langfristig sinkt auch die Nachfrage nach Immobilien.

Rohstoffe

Als Kapitalanlage für den Einsteiger sind Rohstoffe nicht geeignet. Auf den Kauf von Rohstoffen (zum Beispiel Silber und Platin) zahlen Sie meist Mehrwertsteuer.

Eine Ausnahme bildet Gold (keine Mehrwertsteuer). Beachten Sie, dass der Goldpreis stark schwankt und dass Gold keine Zinsen/Dividenden abwirft. Investieren Sie maximal 10% ihres Vermögens in Gold.

Die Preisentwicklung können Sie sehen unter: **https://www.finanzen.net/rohstoffe/goldpreis**

Gold können Sie sich zu Hause hinlegen. Weitere Infos siehe **https://www.test.de/Gewusst-wie-Gold-richtig-kaufen-4619620-0/**.

Online können Sie Gold zum Beispiel bei **https://www.degussa-goldhandel.de/** kaufen.

Gold können Sie auch als Anteilsschein (XETRA-Gold - ISIN:DE000A0S9GB0) kaufen. Dann liegt das Gold wie eine normale Position in ihrem Depot, kostet aber eventuell monatlich eine Gebühr! Dies ist zumindest auf kurze Sicht billiger wie der echte Kauf eines Goldbarren. Dies kann bei fallendem Aktienmarkt eine sinnvolle Alternative sein.

Den Gewinn aus dem Verkauf eines Goldbarren (gilt auch für XETRA-Gold - ISIN:DE000A0S9GB0) können Sie nach einem Jahr Haltefrist steuerfrei behalten.

Kunst

Als Kapitalanlage für den Einsteiger ist Kunst nicht geeignet.

Goldschmuck ist keine sinnvolle Kapitalanlage, da der Kaufpreis den Materialwert oft um das Vielfache übersteigt. Wollen Sie den Schmuck verkaufen bekommen Sie oft nur den Materialwert. Dies gilt auch für alle anderen Metalle.

Der Kunstmarkt ist oft sehr eng (geringes Handelsvolumen), so dass es schwierig ist einen guten Preis zu bekommen.

Ebenso schwierig ist es einen fairen Preis für das einzelne Kunstwerk zu ermitteln.

Kryptowährungen

Kryptowährungen sind eventuell einmal eine Alternative zur Geldanlage in Gold. Die Wechselkurse zu realen Währungen unterliegen im Moment aber extrem starken Schwankungen. Die bedeutendste Kryptowährung im Moment ist der Bitcoin.

Je stärker das Vertrauen in die Währungen der staatlichen Notenbanken schwindet, desto höher der Kurs von Gold und Kryptowährung. Der Wert der Kryptowährung ermittelt sich ausschließlich daran, was der Handelspartner bereit ist dafür zu zahlen. Die Kryptowährung an sich ist wertlos.

Der Markt ist im Moment vollkommen unkontrolliert. So entstehen nahezu täglich neue Kryptowährungen, was für den Anleger problematisch ist. Betrügerische Handlungen sind in dem Bereich der Kryptowährungen im Moment leider normal. Selbst die Börsenplätze über welche Sie die Kryptowährungen handeln müssen sind manchmal so löchrig, dass hier Geld einfach verschwindet, was theoretisch eigentlich unmöglich sein sollte. So ging 2014 die damalige führende Handelsplattform für Bitcoins Mt.Gox in die Insolvenz. Hacker und kriminelle Insider haben das Geld der Handelsplattform entwendet. Keiner weiß wo es ist. Viele Kunden verloren damit viel Geld.

Wenn Sie eine Kryptowährung kaufen, dann wird auf ihrem Rechner eine Brieftasche (engl. wallet) angelegt, welche Sie vor Verlust schützen müssen. Wenn Sie diese Wallet-Datei verlieren, dann ist ihr Guthaben unwiederbringlich verloren. Weiterhin benötigen Sie Zugang zu einem Handelsplatz. Diesen bekommen Sie am einfachsten über eine Bank, welche mit dem Handelsplatz handelt. Dann stellen Sie ihre Order auf den Handelsplatz ein und warten bis sich ein Partner findet, welcher ihre Order akzeptiert.

Der Aufwand ist also im Moment höher als beim normalen Wertpapierhandel. Die Technologie hat zudem manchen Software-Fehler, so dass es ab und an zu Problemen kommt.

Links

Kryptowährung
https://de.wikipedia.org/wiki/Kryptow%C3%A4hrung

Bitcoin
https://de.wikipedia.org/wiki/Bitcoin

Bitcion-Kurs
https://www.etoro.com/de/markets/btc/chart

Depotzusammensetzung

Teilen Sie Ihre Geldanlage in die folgenden Anlageklassen auf (Risikostreuung):

- Bargeld
- Aktien
- Anleihen
- Immobilien
- Gold

Bestimmen Sie wie viel Prozent Ihres Vermögens Sie von jeder Anlageklasse besitzen wollen. Anleger mit langem Anlagehorizont und hoher Risikoneigung können den Aktienanteil auch bei über 50% festlegen.

Korrigieren Sie einmal pro Jahr die Zusammensetzung des Vermögens.

Angenommen Sie haben sich für 50% Aktien im Depot entschieden. Sollten die Aktien stark gestiegen sein und zum Beispiel bei 60% des Depotwertes liegen, so verkaufen Sie 10% der Aktien um wieder die gewünschten 50% Aktienanteil zu erreichen.

Mit dem Erlös kaufen Sie beispielsweise Anleihen, da diese nicht so stark gestiegen sind und der gewünschte Prozentwert von zum Beispiel 30% nicht mehr erreicht wird.

Mit dieser Strategie verkaufen Sie automatisch eine Anlageklasse, wenn diese teuer ist und kaufen diese, wenn diese billig ist.

Langfristig hat sich diese Überwachung der Depotzusammensetzung sehr bewährt.

Ihr Depot könnt beispielsweise folgende Zusammensetzung aufweisen:

- Bargeld (Tagesgeld,...) 10%
- Aktien (ETFs auf Aktien,...) 50%
- Anleihen (ETFs auf Anleihen,...) 30%
    - Gold (als Barren,...) 10%

weiterführende Links

Europäische Zentralbank
https://www.ecb.europa.eu/

Bankenverband
https://bankenverband.de/
Bundeszentralamt für Steuern
https://www.bzst.de/

Verbraucherzentrale
https://www.vzbv.de/

Gesetze
http://www.gesetze-im-internet.de/

Informationen und aktuelle Kurse zu den handelbaren Wertpapieren erhalten Sie unter:

https://www.onvista.de/

https://www.finanzen.net/

https://www.boerse-frankfurt.de/

Versicherungen

Allgemeine Regeln

Sichern Sie sich über Versicherungen vor dem finanziellen Ruin ab.

Versichern Sie nur das, was Sie in den finanziellen Ruin reißt.

Trennen Sie Versichern und Sparen. Dadurch vermeiden Sie hohe Gebühren und können im Notfall wesentlich flexibler reagieren.

Vergleichen Sie verschiedene Anbieter bevor Sie einen Versicherungsvertrag abschließen.

Siehe dazu:
https://www.test.de/versicherungen/

https://www.verivox.de/versicherungen/

https://www.check24.de/versicherungen/

https://www.banken-auskunft.de/versicherung

wichtige Versicherungen

Sehr wichtige Versicherungen sind:

Krankenversicherung

Die Krankenversicherung zahlt Leistungen, welche für Ihre Gesunderhaltung bzw. Genesung sinnvoll sind. Es werden zwar nicht alle möglichen Gesundheitsleistungen bezahlt, doch vor dem finanziellen Ruin durch Krankheit oder Unfall sind Sie damit geschützt.

Vermeiden Sie die private Krankenversicherungen, da eine profitorientierte Gesundheitsvorsorge problematisch sein kann. Ihr Interesse (schnelle Bezahlung einer lebenswichtigen Behandlung) und das Interesse des Versicherungsunternehmens (möglichst wenig Geld, möglichst spät zahlen) unterscheiden sich extrem. Manchmal kostet es dem Patienten das Leben, weil dieser den Zeitraum bis zur Bewilligung einer lebenserhaltenden Behandlung durch die Versicherung nicht überlebt.

Siehe auch:
https://de.wikipedia.org/wiki/Krankenversicherung_in_Deutschland

Privathaftpflichtversicherung

Die Haftung von Privatpersonen ist in Deutschland nicht begrenzt. Um einen finanziellen Ruin durch Unachtsamkeit möglichst zu vermeiden ist eine Privathaftpflichtversicherung sinnvoll. Diese deckt Schäden ab, welche Sie Anderen als Privatperson (nicht geschäftlich) ohne Vorsatz zugefügt haben.

Siehe auch:
https://de.wikipedia.org/wiki/Privathaftpflichtversicherung

sinnvolle Versicherungen

Sinnvolle Versicherungen sind:

Sachversicherung

Sachversicherungen (Hausratversicherung, KFZ-Vollkaskoversicherung,...) sollte Sie nur dann abschließen, wenn Sie Sachgüter mit einem sehr hohen Wert haben (Wohneigentum, KFZ,...) und dies bei Verlust zu einem finanziellen Desaster führen würde.

Alle Schäden welche Sie nicht in den Ruin treiben sollten ohne Versicherung bezahlt werden (keinen Sachwert unter 1000 Euro versichern, Selbstbeteiligung möglichst hoch,...).

Siehe auch:
https://de.wikipedia.org/wiki/Hausratversicherung

https://de.wikipedia.org/wiki/Kaskoversicherung

Auslandskrankenversicherung

Die Auslandskrankenversicherung ist ein Zusatz zur normalen Krankenversicherung und deckt ein Teil der Kosten ab welche von der normalen Krankenversicherung im Ausland nicht übernommen werden.

Fragen Sie ihre normale Krankenversicherung, welche Kosten diese an Ihrem Reiseziel nicht übernimmt.

Schätzen Sie das Risiko für Ihre Situation ab. Die Versicherung für einen Urlaub unter 6 Wochen kostet zwischen 10 bis 20 Euro pro Jahr.

Oft wird der Rücktransport ins Heimatland von der normale Krankenversicherung nicht übernommen. Beachten Sie, dass diese Risiken oft über Vereinsmitgliedschaften abgesichert sind (Alpenverein,...). In diesem Fall wäre ein doppelter Versicherungsschutz unsinnig.

Beachten Sie, dass bei einer normalen Auslandskrankenversicherung die Dauer Ihres Versicherungsschutzes durch diese Versicherung begrenzt ist (z.B. 6 Wochen).

Siehe auch:
http://de.wikipedia.org/wiki/Auslandskrankenversicherung

Risikolebensversicherung

Eine Risikolebensversicherung sollten Sie nur dann abschließen, wenn ihre Angehörigen durch ihren Tod in den finanziellen Ruin gerissen werden (sollte aber die Ausnahme und nicht die Regel sein).

Dies kann dann der Fall sein, wenn Sie Alleinverdiener in einer Familie sind und einen hohen Kredit für das selbstgenutzte Haus aufgenommen haben. Stirbt der Alleinverdiener, so müsste die restliche Familie aus dem Haus ausziehen und dieses verkaufen, da die monatlichen Kreditraten nicht mehr bezahlbar wären. Die Höhe der Risikolebensversicherung muss dabei zur sofortigen Tilgung des Kredites ausreichen, sonst müssen Sie trotzdem ausziehen und die Versicherung wäre nutzlos.

Vermeiden Sie Kapitallebensversicherungen. Schließen Sie stattdessen eine Risikolebensversicherung ab und sparen Sie das restliche Geld ohne Gebühren bei einer Bank (Aktien, Festgeld,...). Damit sind Sie im Notfall wesentlich flexibler. Zusätzlich können Sie meist eine wesentlich höhere Rendite erzielen.

Die Kapitallebensversicherung wird Ihnen oft mit Steuervorteilen schmackhaft gemacht. Diese sind jedoch oft kleiner wie der bei einer alternativen Geldanlage erzielte zusätzliche Gewinn.

siehe auch:
https://de.wikipedia.org/wiki/Lebensversicherung_ (Deutschland)

Berufsunfähigkeitsversicherung

Eine Berufsunfähigkeitsversicherung ist nur dann sinnvoll, wenn die Versicherungsleistung wesentlich über der staatlichen Grundsicherung liegt und wenn die Berufsunfähigkeit ihre Angehörigen und Sie in den Ruin stürzt.

Beispiel: Sie bekommen bei Berufsunfähigkeit oder ab erreichen eines bestimmten Alters 800 Euro staatliche Unterstützung. Haben Sie eine Versicherung abgeschlossen, welche weniger als 800 Euro leistet (z.B. 600 Euro), so bekommen Sie nur 200 Euro staatliche Unterstützung plus 600 Euro Versicherungsleistung und haben somit auch nur 800 Euro zum Leben. Die Versicherung hat Ihnen also keinen Vorteil gebracht.

Die Berufsunfähigkeitsversicherung wird oft als Direktversicherung angeboten (Steuervorteile). Beachten Sie, dass diese Steuervorteile auch Nachteile haben. So ist zum Beispiel das angesparte Geld in einer Direktversicherung für Sie oft nicht vorzeitig (vor Rentenbeginn) verfügbar.

siehe auch:
https://de.wikipedia.org/wiki/Berufsunf%C3%A4 higkeitsversicherung

Versicherungsfallen

Folgende Fehler sollten Sie bei Abschluss eines Versicherungsvertrages vermeiden:

lange Laufzeiten

Lange Laufzeiten bedeuten im Normalfall hohe Provisionen. Die Provision berechnet sich im Allgemeinen wie folgt:
Provision = Laufzeit * Jahresbeitrag

Schließen Sie Verträge mit möglichst kurzer Laufzeit ab. Versuchen Sie Nettoverträge (Verträge ohne Provision) im Internet oder beim Honorarberater abzuschließen.

Sparen und Versicherung in einem Vertrag

Vorteil:
Der Staat fördert den Abschluss von Versicherungen zur Vorsorge durch Steuervorteile und staatliche Zulagen.

Nachteil:
In einer finanziellen Notsituation benötigen Sie nur die Versicherung aber nicht die Sparrate.

Sie kommen meist nicht oder nur sehr schwer vorzeitig (im Notfall) an das angesparte Geld.

Die Gebühren bei Versicherungen sind so hoch, dass sich eine Versicherung als Geldanlage für Sie als Anleger nicht rechnet (trotz der staatlichen Förderung). Bei Rentenversicherungen (auch mit staatlicher Förderung) müssen Sie oft älter als die statistische Lebenserwartung werden, damit Sie nur das eingezahlte Geld als Rente zurückerhalten. Sie müssen oft weit über 100 Jahre alt werden, damit diese Anlage eine bessere Rendite abwirft als eine alternative Anlageform.

Durch den Abschluss der Versicherung erhöhen Sie ihre monatliche Belastung. Damit vermindern Sie ihre finanzielle Flexibilität sehr stark.

So ist es viel sinnvoller Wohneigentum zu erwerben und möglichst schnell abzuzahlen, als neben der Hausfinanzierung noch eine Rentenversicherung zu bedienen.

Empfehlung:
Sparen Sie Geld für die Zukunft nicht über eine Versicherung. Wählen Sie dazu eine alternative Anlageform (siehe Kapitel Geldanlage).

hohe versteckte Kosten

Abschlussgebühren, jährliche Gebühren,... schmälern die Rendite oft stark. Versuchen Sie Nettoverträge (Verträge ohne Provision) im Internet oder beim Honorarberater abzuschließen.

mehrere Produkte in einem Vertrag

Kombiprodukte (zum Beispiel Kredit- mit Restschuldversicherung verknüpft,...) verursachen oft hohe monatliche Kosten und beinhalten teilweise unnötige Versicherungen. Mit einzelnen Verträgen, welche nur das Absichern, was Sie wirklich benötigen kommen Sie oft besser.

überflüssige Versicherungen

Alle Schäden welche Sie nicht in den Ruin treiben sollten ohne Versicherung bezahlt werden (keinen Sachwert unter 1000 Euro, Selbstbeteiligung möglichst hoch,...). Eine Glasbruchversicherung oder Krankenhaustagegeldversicherungen benötigen Sie im Normalfall nicht.

zu niedrige Deckungssummen

Sehr viele Deutsche haben eine Berufsunfähigkeitsversicherung oder eine Rentenversicherung deren Leistung niedriger ist wie die Grundsicherung.

Oft wird eine solche Versicherung als Direktversicherung staatlich gefördert.

Die privat angesparte Rente wird mit der staatlichen Unterstützung verrechnet. Wenn die Versicherungsleistung kleiner ist wie die staatlich geleistete Unterstützung haben Sie keine finanziellen Vorteile.

Beispiel: Sie bekommen bei Berufsunfähigkeit oder ab erreichen eines bestimmten Alters 800 Euro staatliche Unterstützung. Haben Sie eine Versicherung abgeschlossen, welche weniger als 800 Euro leistet (z.B. 600 Euro), so bekommen Sie nur 200 Euro staatliche Unterstützung plus 600 Euro Versicherungsleistung und haben somit auch nur 800 Euro zum Leben. Die Versicherung hat Ihnen also keinen Vorteil gebracht.

www.ingramcontent.com/pod-product-compliance
Lightning Source LLC
Chambersburg PA
CBHW051822170526
45167CB00005B/2115